일곱 단계를 넘기지 않는 초간단 레시피

누구나 금손이 될 수 있습니다

목차

빵 ················ 11

곡물/야채 ················ 27

냉동 ················ 67

고기 ················ 105

생선/해산물 ················ 141

기본 사용법

1. 에어프라이어 전원을 연결한다.

2. 바스켓 안에 조리할 재료를 넣는다.

3. 레시피 북을 보고 조리할 재료에 맞는 온도와 시간을 맞춘다.

4. 중간에 한 번씩 재료를 뒤집어 골고루 조리되도록 한다.

5. 조리가 끝나면 바스켓을 열고 완성된 음식을 맛있게 먹는다.

요건 알고 시작하자!

온도조절기

보통 100도부터 200도까지 정할 수 있음
데우는 용도라면 160도
충분히 구워 익혀야 한다면 180도~200도가 적당

타이머

조리 시간을 지정할 수 있다.
기기마다 다르지만 조리 중간에 바스켓을 빼서 확인할 수 있다.

바스켓

기름을 빼고 뜨거운 공기 순환으로 재료를 익히는 용도
재료는 바스켓 절반 이상 넣지 않도록 하는 것이 좋다.
(덜 익을 수 있다.)

공기 배출구

뜨거운 바람이 나오니 벽과 거리를 두는 것이 좋다.

오일 거름망

오일 거름망이 붙어있는 일체형 기계가 있고 오일 거름망이 따로 있는 분리형이 있다.
분리형의 경우엔 오일 거름망을 바스켓 속에 넣고 그 위로 식재료를 올려주면 된다.

어떤 에어프라이어를 살까?

제품	대우 어플라이언스 DEF-D2600
용량	2.6L
소비전력	1500W
가격	5만원대
특징	자동 전원 차단 기능이 있어 안전하다.

제품	클래파 에어프라이어 BFB-AF20W
용량	2L
소비전력	1300W
가격	5만~6만 원대
특징	음식을 가열 중일 때 LED전원에 불이 들어와 작동 확인이 가능하다. 바스켓에 테플론 코팅 처리가 되어 있어 조리한 음식들이 들러붙지 않는다.

제품	오쿠 OCP-AF560
용량	5.6L
소비전력	1800W
가격	12~13만 원대
특징	다이얼 형식이 아닌 디지털 패드로 온도와 시간을 조절한다. 대중적으로 자주 사용하는 튀김요리 7가지의 온도와 시간이 미리 설정 되어 있다.

제품	시메오 패밀리 에어프라이어 기계식&디지털식
용량	6.5L(바스켓6.2L)
소비전력	1350W
가격	12~13만 원대
특징	넓은 투명창이 있어서 조리되는 과정을 훤히 볼수 있다. 필요에 따라 음식을 360도로 회전시켜 주는 회전패들을 탈부착할 수 있다.

제품	쿠진아트 에어프라이어 오븐 TOA-60KR
용량	17L
소비전력	1630W
가격	20~30만 원대
특징	내부 공간이 17L로 아주 크다. 일반적인 에어프라이어와 다르게 '오븐'과 같은 모양과 기능을 한다.

빵

1. 콘마요 토스트
2. 피자 토스트
3. 러스크
4. 계란빵
5. 식은 붕어빵
6. 식은 피자
7. 마늘빵

콘마요
토스트

★★☆☆☆

- 🌡 180도
- ⏲ 5분

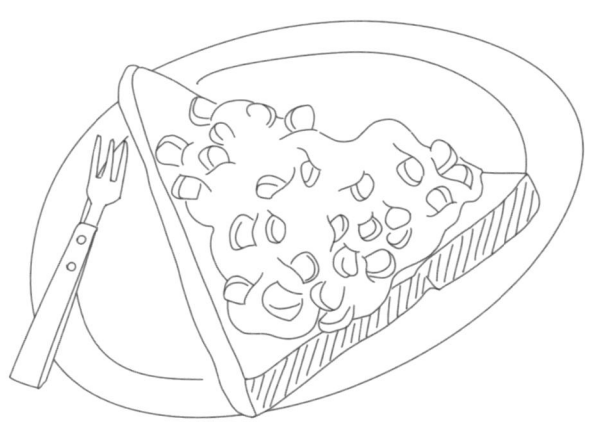

재료

캔옥수수　　마요네즈　　설탕, 후추　　식빵　　피자치즈

요리 순서

1. 적당량의 캔옥수수, 마요네즈, 설탕, 후추를 버무려 섞는다.

2. 식빵 위에 올린다.

3. 피자치즈를 뿌린다.

4. 에어프라이어에 넣는다.

5. 180도에 5분 돌린다.

"너무 많이 먹으면 느끼하다."

피자
토스트

★ ★ ☆ ☆ ☆

- 180도
- 7분

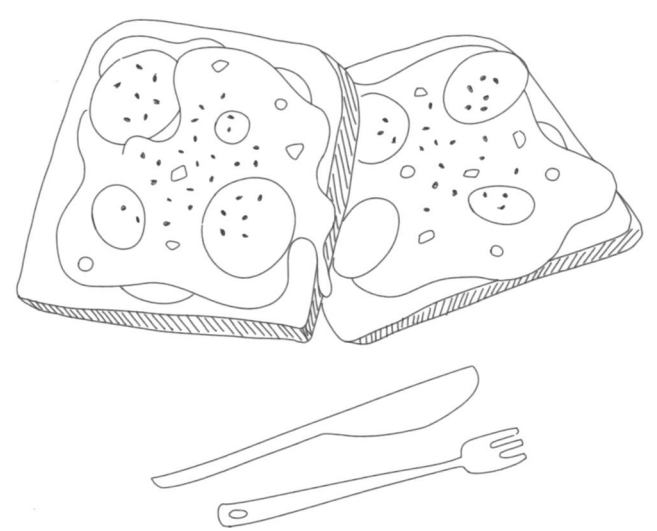

재료

식빵　　슬라이스햄　　토마토 스파게티 소스　　피자치즈

요리 순서

1. 식빵 위에 토마토 스파게티 소스를 바른다.

2. 슬라이스햄을 올린다.

3. 피자치즈를 뿌린다.

4. 에어프라이어에 넣는다.

"토마토 스파게티 소스는 얇게 펴서 바른다."

러스크

★★★☆☆

🌡 180도
⏲ 4 + 4분

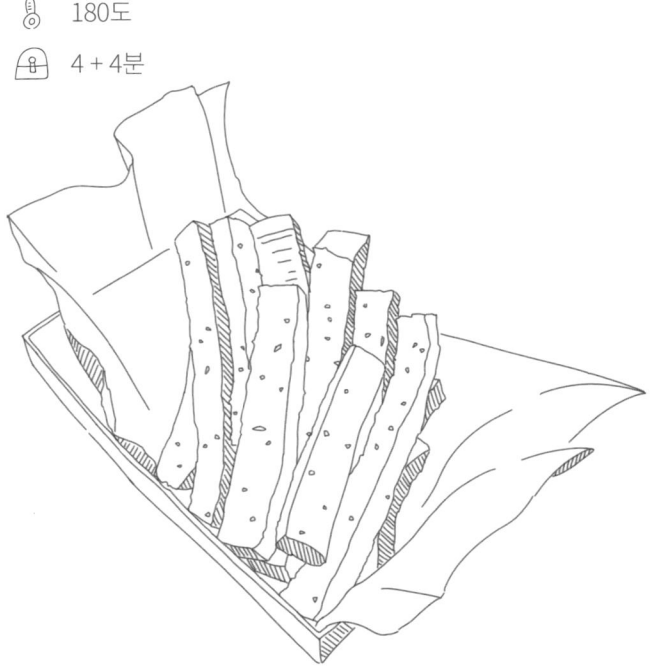

재료

식빵　　　버터　　　설탕

요리 순서

1. 식빵 테두리를 먹기 좋게 자른다.

2. 자른 식빵에 녹인 버터, 설탕을 함께 버무린다.

3. 에어프라이어에 넣는다.

4. 4분 돌리고, 섞어준 후 4분 더 돌린다.

"원하는 굽기 정도에 따라 에어프라이어에
더 돌려도 된다."

계란빵

★★★☆☆

- 180 / 160도
- 8 + 15분

재료

핫케이크 믹스   올리브오일   설탕   계란

요리 순서

1. 핫케이크믹스를 준비하여 반죽한다 (밀가루 200g, 설탕 60g, 소금 1g, 베이킹파우더 6g, 달걀 1개(50)g, 우유 1/2컵(100ml), 바닐라오일 한 스푼).

2. 종이컵에 올리브오일을 살짝 바른다.

3. 반죽한 핫케이크 반죽을 종이컵의 1/3 정도로 넣는다.

4. 계란을 넣고 노른자를 터뜨린다.

5. 소금과 설탕을 살짝 넣어준다.

6. 에어프라이어에 넣는다.

7. 180도에서 8분 돌리고 내용물을 확인한 뒤 다시 160도에 15분 정도 돌린다.

"종이컵에 올리브 오일을 바르지 않으면
눌러붙게 된다."

식은
붕어빵

★ ☆ ☆ ☆ ☆

- 160도
- 5분

재료

붕어빵

**요리
순서**

1. 식은 붕어빵을 찾는다.

2. 에어프라이어에 넣는다.

"여름에는 붕어빵을 파는 곳이 없어 먹기 힘들다."

식은
피자

★ ☆ ☆ ☆ ☆

- 160도
- 5분

재료

식은피자

요리 순서

1. 식은 피자를 찾는다.

2. 에어프라이어에 넣는다.

3. 맥주나 콜라를 준비한다.

"피자를 시키고 나면 늘 한 조각 정도는 남겨야 한다."

마늘빵

★★★☆☆

- 🌡 200도
- ⏲ 5분

재료

식빵　　　마늘소스

**요리
순서**

1. 스빵을 적당한 크기로 자른다.

2. 마늘 소스를 만든다. (161p 참고)

3. 식빵 위에 마늘 소스를 바른다.

4. 에o 프라이어에 넣는다.

"선호하는 굽기 정도에 따라 시간을 조절하면 좋다."

곡물 야채

1. 군고구마
2. 고구마 스틱
3. 고구마 맛탕
4. 군밤
5. 웨지감자
6. 감자튀김
7. 마약 옥수수
8. 콘치즈
9. 구운마늘
10. 마늘 플레이크
11. 구운양파
12. 연근칩
13. 누룽지
14. 떡튀김
15. 새송이 버섯구이
16. 양배추 스테이크
17. 야채구이
18. 야채튀김
19. 가지구이

군고구마

★ ☆ ☆ ☆ ☆

- 180도
- 15 + 10분

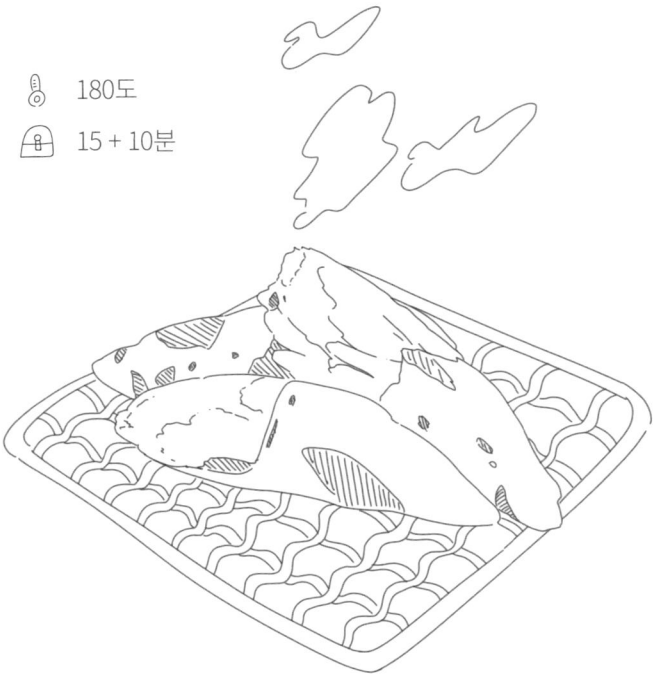

재료

고구마

**요리
순서**

1. 고구마를 깨끗이 씻는다.

2. 에어프라이어에 넣는다.

3. 15분을 먼저 굽고, 뒤집은 뒤 10분 더 굽는다.

"고구마 크기에 따라 다 안 익었을 수도 있으니
젓가락으로 찍어서 익었는지 확인한다."

고구마
스틱

★ ★ ☆ ☆ ☆

- 180도
- 15분

재료

    고구마   식용유
               (혹은 올리브유와 같은 다른 종류도 상관없음)

<u>요리 순서</u>

1. 고구마를 먹기 좋게 채 썬다.

2. 10분 정도 물에 담가 전분을 제거한다.

3. 식용유에 살짝 버무린다.

4. 에어프라이어에 넣는다.

"전분을 많이 제거해야 바삭하게 익혀진다."

고구마 맛탕

★★☆☆☆

- 180도
- 10 + 10분

재료

고구마   올리고당   깨

요리 순서

1. 고구마를 맛탕 크기로 썰어놓는다.

2. 에어프라이어에 넣는다.

3. 10분 돌리고 뒤적인 다음 10분 더 돌린다.

4. 움푹한 볼에 고구마를 넣고 올리고당을 충분히 넣고 섞는다.

5. 취향에 따라 깨를 뿌린다.

"고구마가 뜨거울 때 올리고당과 섞어야 한다."

군밤

★ ★ ☆ ☆ ☆

- 200도
- 18분

재료

밤

요리 순서

1. 밤을 깨끗이 씻는다.

2. 밤을 물에 불린다.

3. 밤 아래쪽에 칼집을 낸다.

4. 에어프라이어에 넣는다.

"칼집을 낼 때 손을 안 베이게 조심하도록 하자."

웨지감자

★ ★ ☆ ☆ ☆

 180도

 20분

재료

감자　　튀김가루　　허브솔트　　바질

요리순서

1. 감자를 웨지감자형으로 자른다.

2. 10분 정도 물에 담가 전분을 제거한다.

3. 키친타올로 물기를 제거한다.

4. 튀김가루 살짝 묻히고 허브솔트+바질로 밑간한다.

5. 에어프라이어에 넣는다.

"바질은 없어도 된다."

감자튀김

★★☆☆☆

- 🌡 200도
- ⏱ 10 + 10분

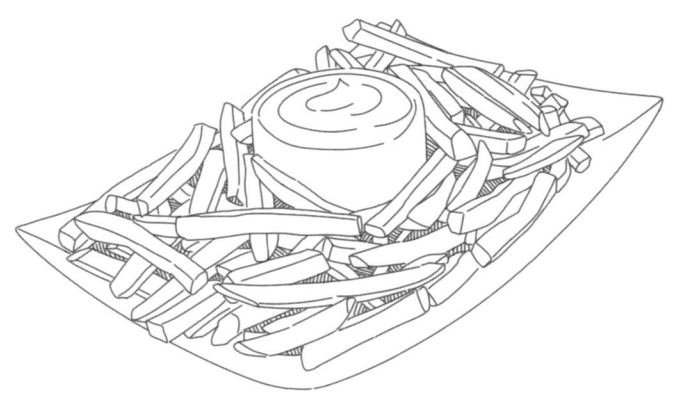

재료

감자   허브솔트

요리 순서

1. 감자를 살짝 두꺼운 듯하게 채 썰어서 준비한다.

2. 10분 정도 물에 담가 전분을 제거한다.

3. 키친타올로 물기를 제거한다.

4 .허브솔트로 밑간을 하고, 기름을 살짝 넣어 버무린다.

5. 에어프라이어에 넣는다.

"너무 얇게 썰면 중간에 다 타버린다."

마약
옥수수

★★★☆☆

- 180도
- 10 + 10분

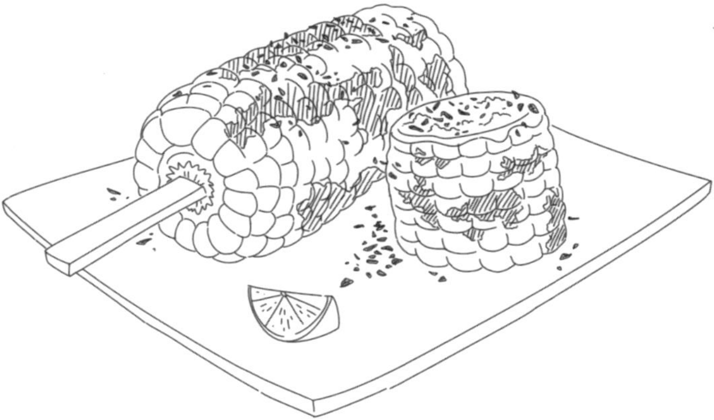

재료

옥수수   버터   설탕   마요네즈

요리 순서

1. 삶은 옥수수를 준비한다.

2. 먹기 좋도록 3등분 한다.

3. 버터 2스푼, 설탕 1스푼, 마요네즈 1스푼, 우유 약간을 넣어서 전자레인지에 30초 돌린다.

4. 옥수수에 녹인 소스를 듬뿍 묻힌다.

5. 에어프라이어에 넣는다.

"취향에 따라 파마산 가루를 뿌려도 좋다."

콘치즈

★★☆☆☆

- 🌡 180도
- ⏱ 5~8분

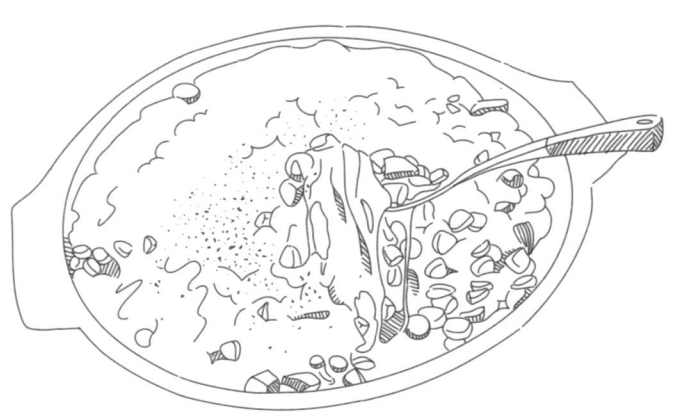

재료

옥수수　　크래미　　마요네즈　　설탕, 소금 후추　　호일

요리 순서

1. 옥수수 통조림에 물기를 빼서 준비한다.

2. 크래미를 먹기 좋게 자른다.

3. 양파를 잘게 썬다.

4. 마요네즈 3큰술, 설탕 1작은술, 소금 두꼬집, 후추 두꼬집

5. 모든 재료를 섞는다.

6. 호일을 접어서 그릇처럼 만든다.

7. 그릇에 섞은 재료를 넣고, 위에 치즈를 얹고 에어프라이에 넣는다.

"양파가 덜 익을 수 있으니, 후라이팬에 한번
볶은 후 에어프라이에 넣는 것이 좋다."

구운마늘

★☆☆☆☆

 180도

 10분

재료

마늘

요리 순서

1. 마늘을 통으로 깨끗이 씻어 준비한다.

2. 에어프라이어에 넣는다.

"너무 쉽기 때문에 실패할 확률이 적다."

마늘 플레이크

★ ☆ ☆ ☆ ☆

- 180도
- 10분

재료

마늘

**요리
순서**

1. 마늘을 깨끗이 씻어 준비한다.

2. 마늘을 편 썰기 한다.

3. 키친타올로 물기를 제거한다.

4. 에어프라이어에 넣는다.

"편 썰기란 재료를 편평하게 썬다는 뜻이다."

구운양파

★ ☆ ☆ ☆ ☆

 180도

7분

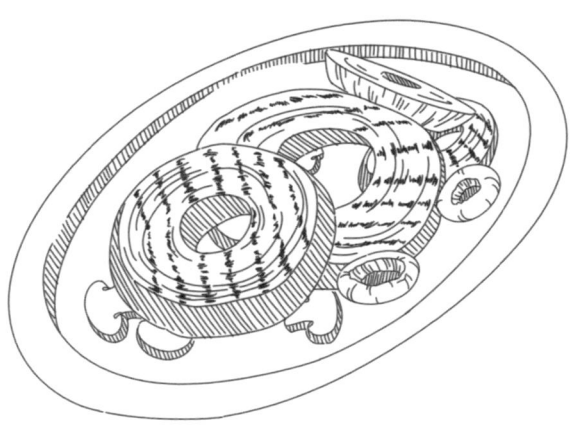

재료

양파

**요리
순서**

1. 양파를 링 형태로 썬다.

2. 에어프라이어에 넣는다.

"링 형태로 쏟지 않아도 무방하지만, 미관상으로는
링 형태가 가장 낫다."

연근칩

★ ★ ☆ ☆ ☆

- 160도
- 5 + 5분

재료

연근 식초

<u>요리 순서</u>

1. 연근을 깨끗이 씻어 준비한 뒤, 식초물에 20분 정도 담가둔다.

2. 슬라이서로 연근을 얇게 잘라준다.

3. 에어프라이어에 넣는다.

4. 5분 돌린 후, 내용물을 섞어 다시 5분 돌린다.

"취향에 따라 소금으로 간을 해도 좋다."

누룽지

★★☆☆☆

- 180도
- 20분

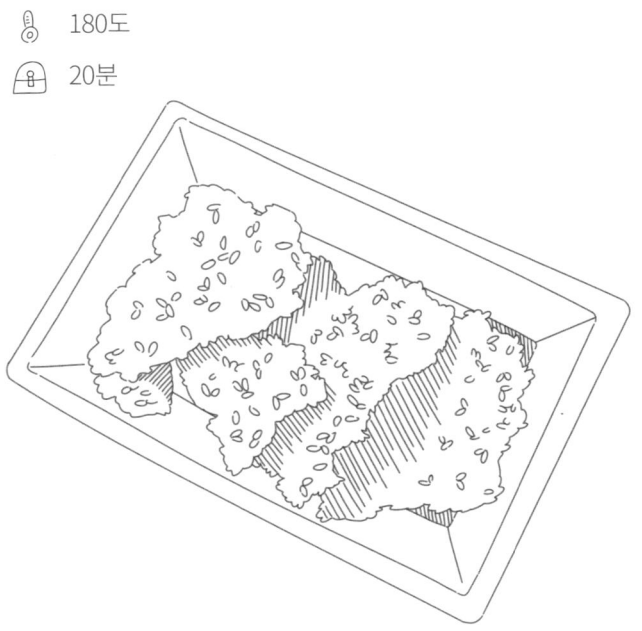

재료

밥

**요리
순서**

1. 흰쌀로 만든 찬밥을 준비한다.

2. 에어프라이어 트레이에 얇게 깔아준다.

3. 키친타올로 물기를 제거한다.

"찬밥에 약간 물을 넣어서 진밥처럼 만드는 것이 좋다."

떡튀김

★★☆☆☆

- 🌡 200도
- ⏲ 10분

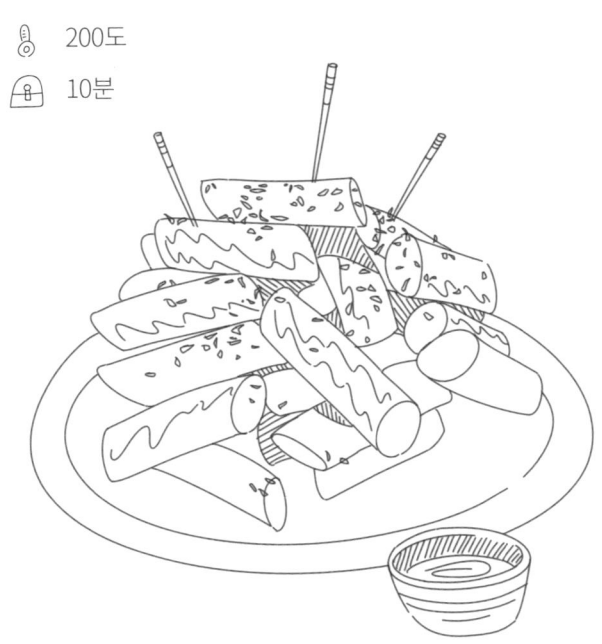

재료

떡볶이 떡   올리브유

요리 순서

1. 떡볶이용 떡을 깨끗하게 씻어준다.

2. 키친타올에 물기를 제거한다.

3. 올리브유를 살짝 묻힌다.

4. 에어프라이어에 넣는다.

"꿀을 준비하여 찍어 먹으면 좋다."

새송이 버섯구이

★☆☆☆☆

- 180도
- 10분

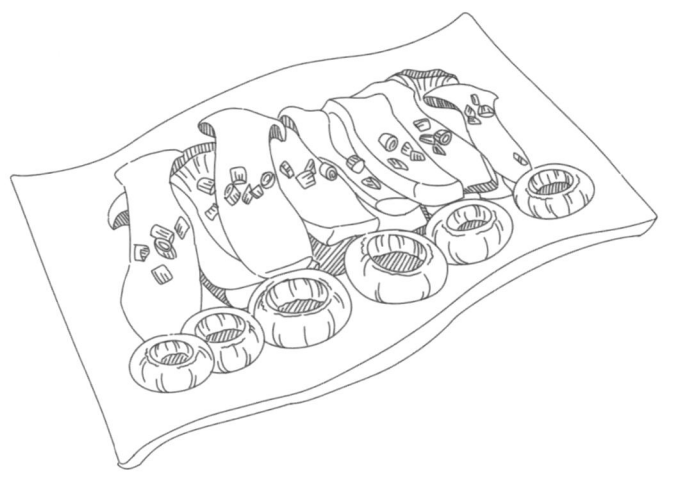

재료

새송이버섯

**요리
순서**

1. 새송이버섯을 깨끗이 씻고 다듬어 준비한다.

2. 통으로 에어프라이어에 넣는다.

"동그란 모양으로 썰어어 먹도록 하자."

양배추
스테이크

 160도

 20분

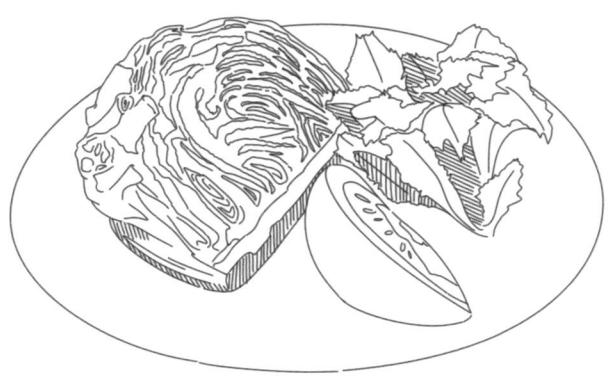

재료

양배추　　버터　　마늘　　간장

요리 순서

1. 양배추를 1/8로 잘라 준비한다.

2. 에어프라이어에 20분 굽는다.

3. 버터 한 숟갈, 마늘 한 숟갈을 프라이팬에 녹인 뒤 구운 양배추를 올린다.

4. 2~3분 정도 구우며 간장 1 작은 술을 넣는다.

"진간장을 사용한다."

야채구이

★★★☆☆

- 200도
- 10 + 10분

재료

양배추   브로콜리   파프리카   소금, 후추   버터

<u>요리</u> 1. 양배추는 큼직하게 채 썰어 준비한다.
<u>순서</u>
2. 브로콜리를 송이송이 적당한 크기로 자른다.

3. 파프리카를 적당한 크기로 자른다.

4. 에어프라이어에 넣는다.

5. 소금, 후추, 버터 한 스푼을 채소 위에 놓는다.

6. 10분이 지난 후, 채소를 잘 섞어준 다음 다시 10분 돌린다.

"가지, 호박, 마늘을 함께 넣어도 좋다.
버터 향을 잘 내기 위해 거름망을 빼는 것이 좋다."

야채튀김

★★★☆☆

- 200도
- 12분

재료

브로콜리　　호박　　당근　　밀가루　　달걀　　빵가루

요리 순서

1. 브로콜리와 호박, 당근을 깨끗이 씻어 준비한다.

2. 먹기 좋을 정도로 적당히 썬다.

3. 밀가루, 달걀, 빵가루 순서로 튀김옷을 입힌다.

4. 에어프라이어에 넣는다.

"좋아하는 다른 야채도 함께 구워보자."

가지구이

★ ★ ☆ ☆ ☆

- 200도
- 10 + 5분

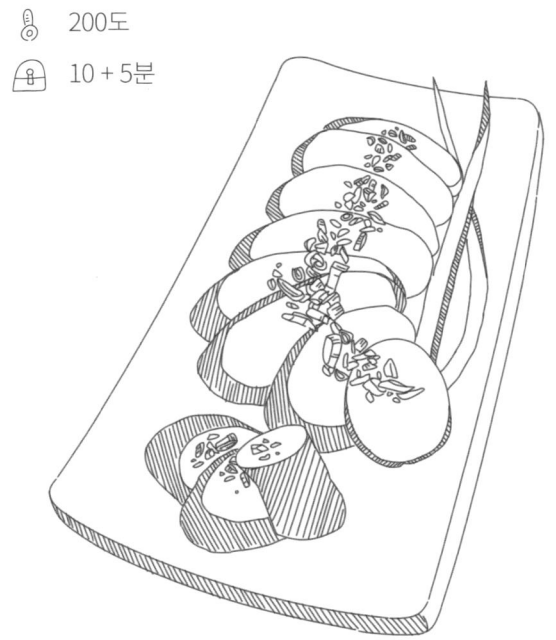

재료

가지   올리브유   소금, 후추

요리 순서

1. 가지를 먹기 좋게 썰어 준비한다.

2. 올리브유와 소금 후추를 살짝 뿌려 밑간한다.

3. 에어프라이어에 넣는다.

4. 10분 돌리고 뒤적인 후 5분 더 돌린다.

"남은 가지를 해치우기 좋은 요리법이다."

냉동

1. 치즈스틱
2. 냉동감자튀김
3. 소떡소떡
4. 어묵
5. 냉동만두
6. 핫도그
7. 김말이
8. 치킨너겟
9. 스팸
10. 냉동피자
11. 비엔나 소시지
12. 후랑크 소시지
13. 해시브라운
14. 해시브라운 스트링 치즈샌드
15. 마시멜로 구이
16. 쫀드기
17. 어묵칩스
18. 순대

치즈스틱

★ ☆ ☆ ☆ ☆

- 180도
- 3 + 4분

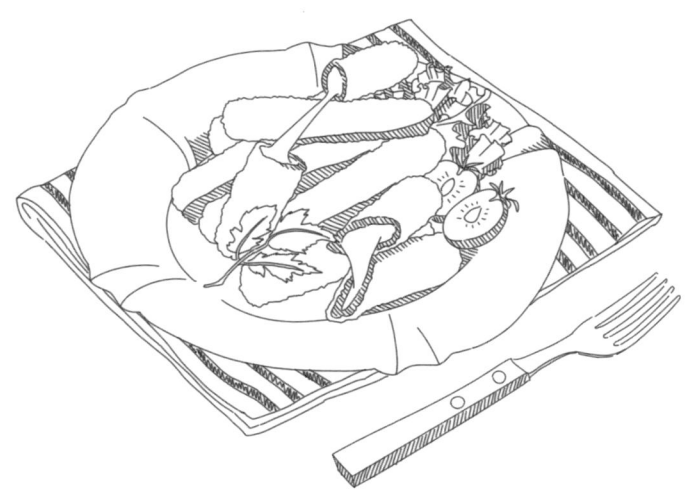

재료

냉동 치즈스틱

**요리
순서**
1. 냉동 치즈스틱을 준비한다.

2. 에어프라이어에 넣는다.

3. 3분 돌리고 뒤집어서 4분 더 돌려준다.

"치즈가 길게 늘어날수록 기분이 좋다."

냉동
감자튀김

★ ☆ ☆ ☆ ☆

- 200도
- 10분

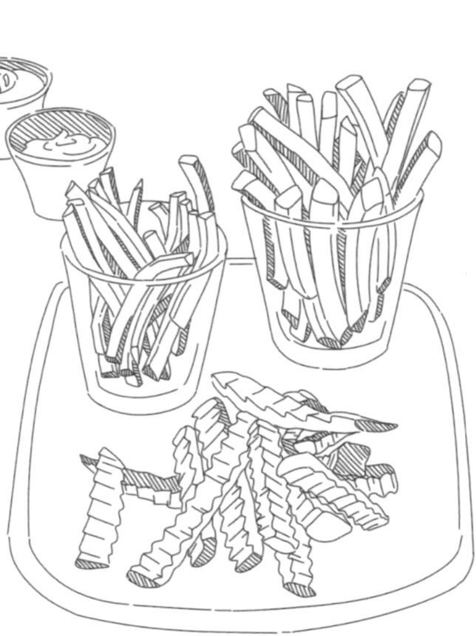

재료

냉동 감자튀김

요리 순서

1. 냉동 감자튀김을 준비한다.

2. 에어프라이어에 넣는다.

"냉동 감자튀김은 되도록 많이 주문하도록 하자.
금방 소진된다."

소떡소떡 ★★☆☆☆

- 200도
- 7분

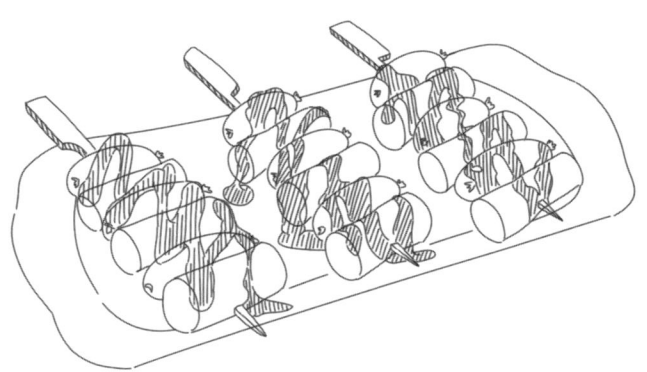

재료

떡볶이 떡   비엔나 소시지   고추장   케첩   설탕   다진 마늘

요리 순서

1. 나무 꼬치에 떡과 비엔나 소시지를 번갈아 끼워준다.

2. 에어프라이어에 넣는다.

3. 케첩과 설탕, 다진 마늘을 섞어 찍어 먹는다.

"귀찮다면 나무 꼬치에 꽂지 않아도 된다."

어묵

★ ☆ ☆ ☆ ☆

 180도

 15분

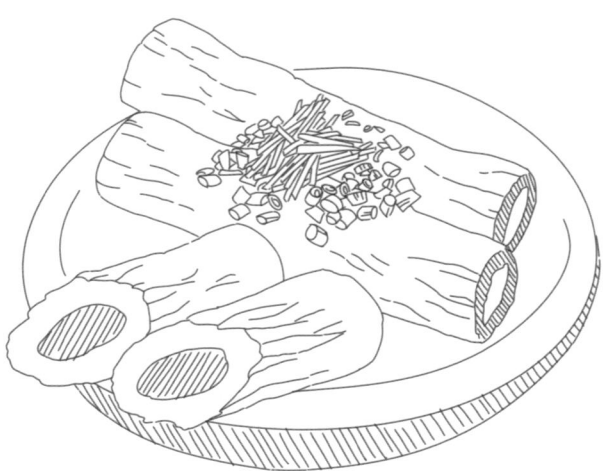

재료

원통형 어묵

요리 순서

1. 원통형 모양의 어묵을 준비한다.

2. 에어프라이어에 넣는다.

"조리 전에 떡볶이를 함께 먹을지 여부를
먼저 결정한다."

냉동만두

★☆☆☆☆

- 🌡 180도
- ⏲ 5분

재료

냉동 만두

요리 순서

1. 냉동만두를 준비한다.

2. 에어프라이어에 넣는다.

"기름을 살짝 뿌려도 좋다."

핫도그

★ ☆ ☆ ☆ ☆

- 160도
- 14분

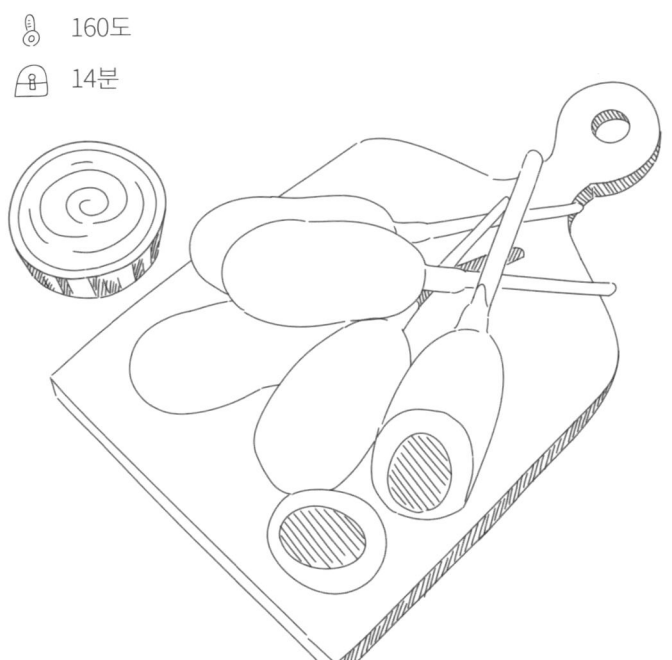

재료

냉동 핫도그

요리 순서

1. 핫드그를 준비한다.

2. 에어 프라이어에 넣는다.

"껍데기브다 소시지 부분이 더 뜨거우니
먹을 때 조심하자."

김말이

★☆☆☆☆

- 180도
- 7분

재료

냉동 김말이

요리 순서

1. 냉동 김말이를 준비한다.
2. 에어프라이어에 넣는다.

"조리 전에 떡볶이를 함께 먹을지 여부를
먼저 결정한다."

치킨너겟

★ ☆ ☆ ☆ ☆

- 200도
- 10분

재료

냉동 치킨너겟

요리 순서

1. 냉동 치킨너겟을 준비한다.

2. 에어프라이어에 넣는다.

"여러 종류의 치킨너겟을 함께 넣어보자."

스팸

★☆☆☆☆

 160도

 7분

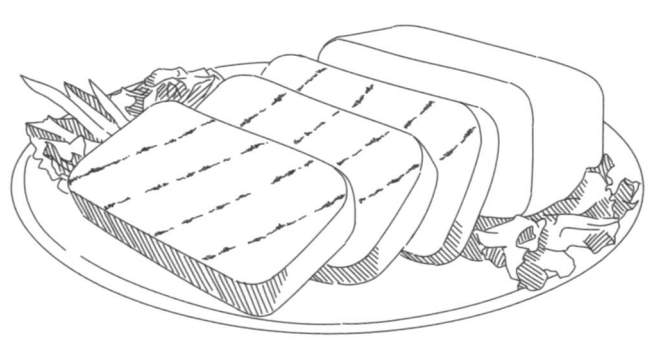

재료

스팸
(다른 브랜드 통조림햄도 상관없다.)

**요리
순서**

1. 스팸을 적당한 크기로 자른다.

2. 에어프라이어에 넣는다.

"적당한 크기란 내 입에 넣을 기준이다."

냉동피자

★★☆☆☆

- 180도
- 10분

재료

냉동 피자

**요리
순서**

1. 냉동피자를 준비한다.

2. 에어프라이어에 넣는다.

3. 7분 정도 지나면 중간에 꺼내서 익었는지 확인해 본다.

"피자 종류에 따라 타는 경우도 있으니 중간에
꼭 확인한다."

비엔나 소시지

★ ☆ ☆ ☆ ☆

- 180도
- 7분

재료

비엔나 소시지

<u>요리 순서</u>
1. 비엔나소시지에 칼집을 내준다.
2. 에어프라이어에 넣는다.

"싼 비엔나소시지도 구우면 맛있다."

후랑크
소시지

★ ☆ ☆ ☆ ☆

- 180도
- 7분

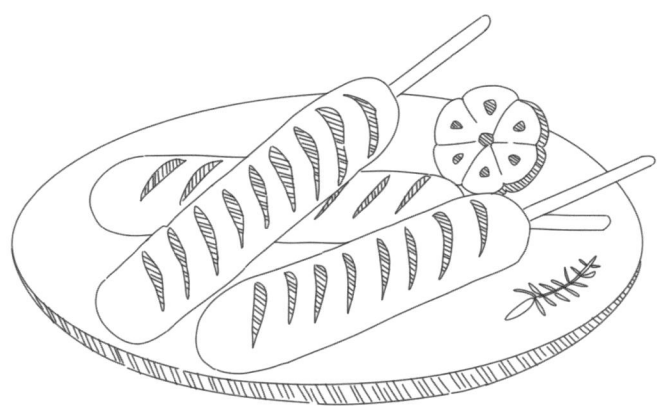

재료

후랑크 소시지

**요리
순서**

1. 후랑크 소시지에 칼집을 내준다.

2. 에어프라이어에 넣는다.

"후랑크 소시지 크기에 따라 굽기 시간을 조절한다."

해시브라운

★ ☆ ☆ ☆ ☆

🌡 180도

🍳 10 + 5분

재료

냉동 해시브라운

요리 순서

1. 해시브라운을 준비한다.

2. 에어프라이어에 넣는다.

3. 10분 돌린 후, 뒤집고 5분 더 돌린다.

"뒤집을 때 부서질 수 있으니 주의한다."

해시브라운
스트링 치즈샌드

★ ☆ ☆ ☆ ☆

- 180도
- 10 + 5분

재료

냉동   스트링 치즈
해시브라운

**요리
순서**

1. 해시브라운을 준비한다.

2. 해시브라운 2개를 겹치고 그 사이에 스트링 치즈 2개를 넣는다.

3. 에어프라이어에 넣는다.

4. 10분 돌리고 뒤적인 후 5분 더 돌린다.

"다이어트 중에는 금물이다."

마시멜로 구이

★ ☆ ☆ ☆ ☆

- 170도
- 10분

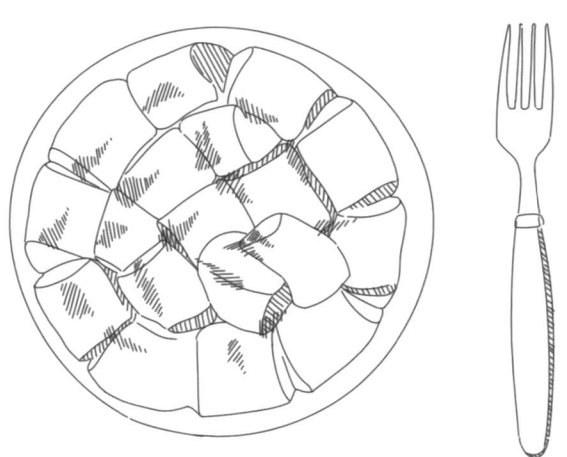

재료

마시멜로

요리 순서

1. 마시멜로를 준비한다.

2. 에어프라이어에 넣는다.

3. 단맛의 극치를 느낀다.

"스트레스받았을 때 만들어보자."

쫀드기

★ ☆ ☆ ☆ ☆

- 160도
- 5~10분

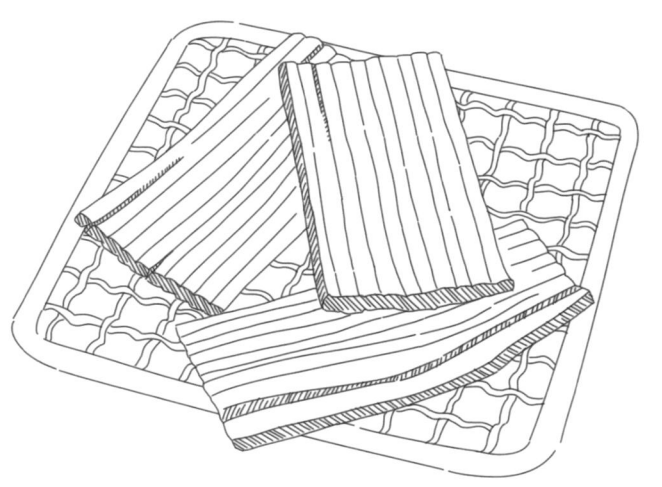

재료

쫀드기

요리 순서

1. 쫀드기를 길게 3등분해서 준비한다.

2. 에어프라이어에 넣는다.

3. 양에 따라 5분~10분 굽는다.

4. 설탕을 솔솔 뿌려서 함께 먹는다.

"라면스프를 솔솔 뿌려먹어도 맛있다."

어묵칩스

★ ☆ ☆ ☆ ☆

- 200도
- 4 + 4분

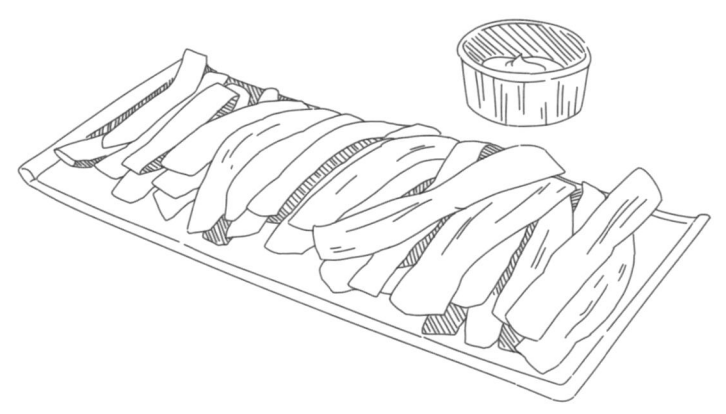

재료

네모어묵

요리 순서

1. 얇은 네모 어묵을 준비한다.

2. 1cm 정도로 채를 썬다.

3. 에어프라이어에 넣는다.

4. 4분 돌리고 뒤적인 후 4분 더 돌린다.

"싼 어묵이 더 맛있다."

순대

★☆☆☆☆

- 200도
- 10분

재료

순대

요리순서

1. 순대를 먹기 좋게 썬다.
2. 에어프라이어에 넣는다.

"순대를 찍어 먹을 소스를 미리 결정해야 한다.
소금? 초장? 쌈장?"

고기

1. 소고기 안심 스테이크
2. 소고기 부채살 스테이크
3. 막창 / 곱창
4. 대창
5. 양념돼지갈비
6. 통삼겹살
7. 항정살
8. 목살
9. 옛날 통닭
10. 가라아게
11. 남은 치킨
12. 윙.봉
13. 염통꼬치
14. 훈제오리
15. 구운 계란
16. 양갈비
17. 양꼬치

소고기 안심 스테이크

 200도

 10 + 5분

재료

소고기 안심　올리브유　허브솔트　파슬리

요리 순서

1. 고기에 올리브유를 바르고 허브솔트와 파슬리로 밑간한다.

2. 에어프라이어에 넣는다.

3. 10분 돌리고 뒤집어서 5분 더 굽는다.

"스테이크와 곁들여 먹을 야채가 있다면
함께 구워보자."

소고기
부채살
스테이크

- 200도
- 10 + 5분

재료

소고기 부채살   올리브유   허브솔트   파슬리

요리 순서

1. 고기에 올리브유를 바르고 허브솔트와 파슬리로 밑간한다.

2. 에어프라이어에 넣는다.

3. 10분 돌리고 뒤집어서 5분 더 굽는다.

"스테이크와 곁들여 먹을 야채가 있다면
함께 구워보자."

막창 / 곱창

★★★☆☆

- 200(곱창의 경우엔 180)
- 10 + 10분

재료

막창, 곱창

**요리
순서**

1. 마늘, 버섯, 양파를 에어프라이어 바스켓에 깔아준다.

2. 막창(혹은 곱창)을 야채 위로 놓는다.

3. 앞뒤로 10분씩 굽는다.

4. 먹기 좋게 가위로 자른 다음 10분 더 구워준다.

"기름이 많이 나오니 놀라지 말자."

대창

★★★☆☆

- 180도
- 15 + 3분

재료

대창

**요리
순서**

1. 마늘, 버섯, 양파를 에어프라이어 바스켓에 깔아준다.

2. 대창을 야채 위로 놓는다.

3. 앞, 뒤 10분씩 구워준다.

4. 먹기 좋게 가위로 자른 다음 10분 더 구워준다.

"기름이 많이 나오니 놀라지 말자."

양념돼지갈비

★ ☆ ☆ ☆ ☆

- 180도
- 10 + 6분

재료

양념 돼지갈비

**요리
순서**

1. 양념돼지갈비를 펼쳐서 에어프라이어에 넣는다.
2. 앞면을 10분, 뒷면을 6분 굽는다.

"빨리 먹고싶다고 겹쳐서 넣지 말자.
골고루 익지 않는다."

통삼겹살

★ ★ ★ ☆ ☆

- 200도
- 10 + 10분

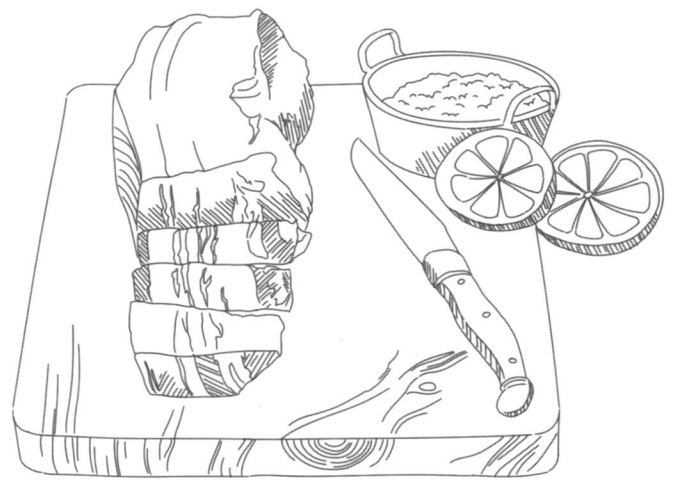

재료

통삼겹살   허브솔트

**요리
순서**

1. 수육용 통삼겹에 허브솔트로 밑간을 한다.

2. 에어프라이어에 넣는다.

3. 4면을 각각 10~15분씩 뒤집어주면서 굽는다.

"겉이 많이 탄 것 같다고 놀라지 말자.
속은 매우 촉촉할 것이다."

항정살

★ ★ ★ ☆ ☆

 180도

 25분

재료

항정살　　　허브솔트

**요리
순서**
1. 항정살에 허브솔트로 밑간을 한다.
2. 에어프라이어에 넣는다.

"항정살을 자른 크기에 따라 굽기 정도를 조절한다."

목살

★ ★ ★ ☆ ☆

- 200도
- 10 + 8분

재료

목살　　　허브솔트

요리순서

1. 목살에 허브솔트로 밑간을 한다.

2. 에어프라이어에 넣는다.

3. 앞면을 10분, 뒷면을 8분 굽는다.

"목살을 자른 크기에 따라 굽기 정도를 조절한다."

옛날 통닭 ★★★☆☆

- 180도
- 25 + 25분

재료

생닭 6호 　올리브유 　허브솔트 　튀김가루

요리 순서

1. 손질된 삼계탕 6호 기준의 닭을 준비한다.

2. 닭에 올리브유를 살짝 바르고 허브솔트로 밑간한다.

3. 튀김가루를 바른다.

4. 앞뒤로 25분씩 굽는다.

"냉장고에 넣어 둔 맥주가 있는지 확인한다."

가라아게

★★★☆☆

- 180도
- 8 + 3분

재료

닭다리 　간장, 청주 　소금, 후추 　다진 마늘 　계란 　밀가루
순살 　　　　　　　　　　　　　　　　　　　　　　　녹말가루

요리 순서

1. 닭 다리 살을 준비한다.

2. 간장 1 큰 술 : 소금과 후추 각 1 티스푼씩 : 청주 1 큰 술 : 다진마늘 반 숟갈 : 계란 노른자 1알을 닭 다리 살과 함께 버무려 30분 재워둔다.

3. 30분 후 밀가루와 녹말가루를 2:3 비율로 뿌리고 섞는다.

4. 에어프라이어에 넣는다.

5. 8분 굽고 뒤집어 3분 더 구워준다.

"가라아게 파우더를 사용하면 레시피 2,3은
그냥 건너뛰어도 된다."

남은 치킨

★ ☆ ☆ ☆ ☆

- 180도
- 5분

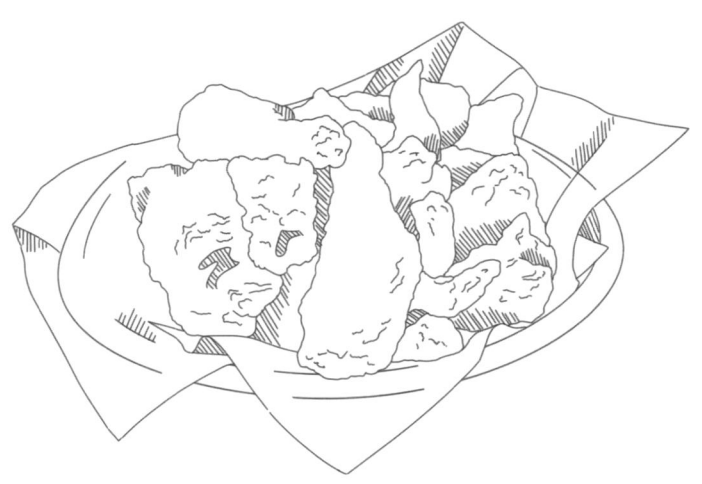

재료

식은 치킨

요리 순서

1. 남은 치킨을 찾는다.

2. 에어프라이어에 넣는다.

3. 맥주를 준비한다.

"전날 치킨을 시켜 먹어야 함"

윙.봉

★★☆☆☆

- 180도
- 10 + 10분

재료

윙이나 봉   허브솔트

**요리
순서**

1. 치킨 윙이나 봉을 준비한다.

2. 허브솔트로 밑간을 한다.

3. 에어프라이어에 넣는다.

4. 앞뒤로 10분씩 굽는다.

"밑간이 귀찮다면 간이 된 치킨윙과 봉을 사도 된다."

염통꼬치

★ ★ ☆ ☆ ☆

- 150도
- 15 + 5분

재료

냉동 염통 꼬치

요리 순서

1. 냉동 염통 꼬치를 준비한다.

2. 에어프라이어에 넣는다.

3. 15분 굽고 뒤집어서 5분 더 굽는다.

"어떤 술이 어울릴지 고민된다면,
소주와 맥주 둘 다 준비하도록 한다."

훈제오리

★ ☆ ☆ ☆ ☆

- 180도
- 15~20분

재료

훈제오리　머스타드 소스

**요리
순서**

1. 훈제오리를 준비한다.

2. 에어프라이어에 넣는다.

3. 머스타드소스를 준비한다.

' 생채소를 곁들여 먹으면 건강식이 된다."

구운 계란

★ ☆ ☆ ☆ ☆

 180도

8분

재료

계란

요리 순서

1. 계란은 실온에 1시간 이상 둔다.
2. 에어프라이어에 넣는다.

"냉장보관한 계란을 바로 에어프라이어에 넣으면
온도 차이로 깨질 수 있으니 유의한다."

양갈비

★ ★ ★ ☆ ☆

 200도

10 + 10분

재료

양갈비　　레드와인　　후추　　올리브유

요리 순서

1. 양갈비를 준비한다.

2. 와인, 후추, 올리브유에 30분 재운다.

3. 에어프라이어에 넣는다.

4. 앞뒤로 10분씩 굽는다.

"마트에 양갈비를 팔지 않는다면, 인터넷으로
주문하도록 한다."

양꼬치

★ ★ ☆ ☆ ☆

 200도
10 + 10분

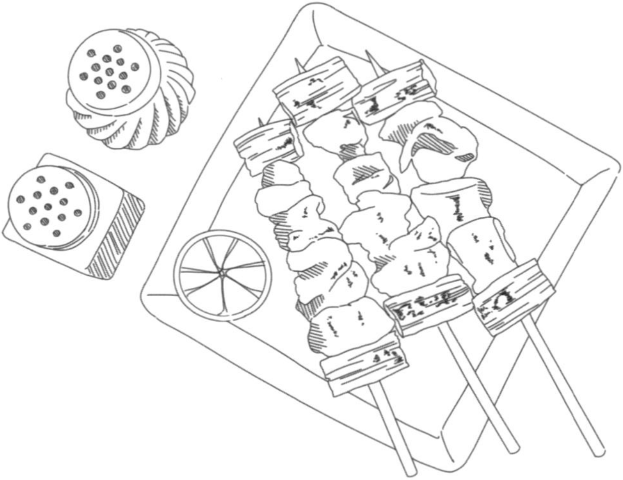

재료

양꼬치

**요리
순서**

1. 양꼬치를 준비한다.

2. 에어프라이어에 넣는다.

3. 앞뒤로 10분씩 굽는다.

"마트에 양꼬치를 팔지 않는다면,
인터넷으로 주문하도록 한다."

생선
해산물

1. 생선구이
2. 연어 스테이크
3. 새우 버터구이
4. 오징어링
5. 오징어 버터구이
6. 명란구이
7. 반건조 우럭구이

생선구이

★ ★ ☆ ☆ ☆

 160도

10 + 10분

재료

생선　　올리브유

요리 순서

1. 손질된 생선을 준비한다.

2. 앞뒤 기름을 바른다.

3. 에어프라이어에 넣는다.

4. 앞뒤로 10분씩 굽는다.

"에어프라이어에 들어갈 크기의 생선을 고르도록 한다."

연어
스테이크

★ ★ ☆ ☆ ☆

- 180도
- 10 + 3분

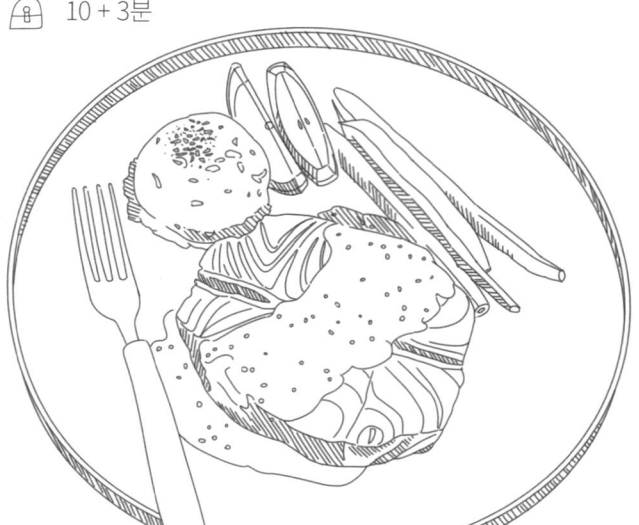

재료

훈제오리   올리브유   허브솔트

요리 순서

1. 손질된 스테이크용 연어를 준비한다.

2. 연어에 올리브오일 바르고 허브솔트로 밑간을 한다.

3. 에어프라이어에 넣는다.

4. 앞뒤로 10분씩 굽는다.

"홈 파티용으로 제격이다."

새우
버터구이

★★★☆☆

- 200도
- 10 + 3분

재료

새우 마늘 버터

요리순서

1. 중하 새우 15~20마리를 깨끗이 씻고 손질한다.

2. 에어프라이어에 넣는다.

3. 편 마늘과 버터를 넣어준다.

4. 10분 굽고 상태에 따라 3분 더 굽는다.

"무척 맛있기 때문에 과식 안 하도록
마음가짐을 단단히 한다."

오징어링

★★★☆☆

- 180도
- 8분

재료

오징어　　계란　　밀가루　　빵가루

요리 순서

1. 오징어는 내장을 제거하고 링 모양으로 썬다.

2. 키친타올에 오징어의 물기를 충분히 제거한다.

3. 오징어에 밀가루, 달걀, 빵가루 순서로 묻힌다.

4. 에어프라이어에 넣는다.

"생 오징어 기준으로 작성한 레시피이다."

오징어 버터구이

★★★☆☆

 180도

 25 + 5분

재료

오징어　　　버터

**요리
순서**

1. 오징어를 깨끗하게 씻어 준비한다.

2. 키친타올에 물기를 제거한다.

3. 버터를 전자레인지에 30초 정도 돌려 녹인다.

4. 녹인 버터를 오징어 전체에 골고루 바른다.

5. 에어프라이어에 넣는다.

"생 오징어 기준으로 작성한 레시피이다."

명란구이

★ ★ ☆ ☆ ☆

 180도
 5 + 5분

재료

명란   올리브유

**요리
순서**

1. 명란을 올리브유로 골고루 버무린다.

2. 에어프라이어에 넣는다.

3. 5분 돌리고 살짝 뒤집어준 다음 5분 더 돌린다.

4. 취향에 따라 3~5분 더 돌려도 된다.

"마요네즈와 함께 먹으면 더 맛있다."

반건조 우럭구이

★★★☆☆

- 180도
- 20분

재료

우럭　　쌀뜨물　　올리브유

**요리
순서**

1. 반건조 우럭을 쌀뜨물이나 물에 1시간가량 담아둔다.

2. 올리브유를 앞뒤로 바른다.

3. 에어프라이어에 돌린다.

"반건조 생선은 콤콤한 향이 나니
취향에 맞지 않으면 먹기가 힘들다."

조리할 때 도움 주는 페이지

단순하지만 유용한 도움

1큰술
아빠 순가락 수북이

1작은술
티스푼 수북이

에어프라이어에 적합한 요리는?
재료 자체에 수분이 많거나, 기름기가 많다면 에어프라이어 요리로 적합하다.

냉동식품

냉동식품은 포장지에 에어프라이어 조리 예가 있으니 먼저 꼭 찾아본다.

파슬리가루

구운 요리 위에 파슬리가루를 뿌리면 고급져 보인다.

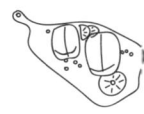

요리의 완성은 디스플레이!

완성된 요리는 넓은 접시에 담는 것이 맛있어 보인다.
원목 도마 위에 음식을 올리면 먹음직스럽게 보인다.

함께 사용하면 편해요

스프레이
스프레이에 올리브유를 넣고 재료에 뿌려보자.
더 바삭한 식감을 주고, 바스켓에 눌어붙는 것을 방지해 준다.

집게
뜨거운 음식을 집을 때 쓴다.

올리브유
식용유를 써도 된다.

키친타올
재료의 수분 제거를 위해 필요하다.

종이호일
설거지 귀찮은 사람들에게 추천

채칼
두껍게 써는 채칼을 추천. 얇게 하면 금방 탈수 있기 때문에

허브솔트
거의 모든 음식의 간은 허브솔트로 대체 가능하다.

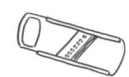
슬라이서
재료를 채 썰고 얇게 저밀 수 있다.

스테인리스 튀김 트레이
음식 재료가 기름에 빠지는 것을 방지한다.

소스도 간단하게
만능 소스 레시피

허니소스　　　　　　　　　　튀김이나 고기 요리에 추천!

꿀 4 큰 술, 진간장 4 큰 술, 물엿 2 큰 술, 굴소스 1 큰 술,
다진 마늘 0.5 큰 술, 맛술 2 큰 술, 물 3 큰 술

뿌링뿌링 소스　　　　　　　　　아이들도 좋아한다.

크림치즈 1.5 큰 술, 요거트 1 큰 술, 설탕 2 큰 술,
물엿 3 큰 술, 허니머스타드 0.5 큰 술

볼케이노 소스　　　　　　　　매콤하게 먹고싶을 때!

고추장 3 큰 술, 고춧가루 1 큰 술, 간장 1 큰 술,
설탕 2 큰 술, 돈까스소스 1.5 큰 술, 물엿 2 큰 술,
굴소스 1 큰 술, 청양고추 4개 다지기

렌치소스　　　　　　　　　　생야채에도 어울린다.

마요네즈 2 큰 술, 요거트 2 큰 술, 설탕 1 큰 술,
다진 양파 0.5 큰 술, 소금 두 꼬집, 파슬리 두 꼬집

마늘빵 소스   빵에 꼭 발라서 구워야 한다.

버터 1.5 큰 술, 다진 마늘 1 큰 술, 설탕 1 큰 술,
파슬리가루 1.5 큰 술

갈비천왕 소스   소스만 찍어 먹어도 맛있다.

진간장 6 큰 술, 설탕 1 큰 술, 올리고당 3 큰 술,
참기름 1 큰 술, 다진 마늘 1 큰 술, 다진 양파 2 큰 술,
맛술 3 큰 술, 후추 조금

탕수육 소스   하루치 당 충전 완료!

간장 50ml, 물 150ml, 물엿 2 큰 술, 식초 2 큰 술,
매실액 1 큰 술, 설탕 1.5 큰 술, 밀가루 4 큰 술
+ 물 4 큰 술

떡꼬치 소스   소스 색도 맛있어 보인다.

설탕 1 큰 술, 케첩 1 큰 술, 물 1 큰 술, 간장 1/2 큰술,
고춧가루 1/2 큰 술, 고추장 1/2 큰 술, 물엿 1과
1/2 큰 술, 다진마늘 1 큰 술

이 책에 들어간 재료

소스	기름	고추장	다진마늘	설탕	후추
가루	피자 치즈	크래미	옥수수캔	토마토 소스	쌀뜨물
가지	감자	감자튀김	계란	고구마	김말이
깨	네모어묵	닭다리	당근	떡	마늘
마시멜로	막창	만두	명란	목살	바질
밤	밥	버섯	버터	부채살	붕어빵

요리 목록

ㄱ 가지구이
곱창
감자튀김
군고구마
고구마스틱
고구마 맛탕
군밤
구운 마늘
구운 양파
계란빵
김말이
가라아게
구운 계란

ㄴ 누룽지
남은 치킨
냉동감자튀김
냉동만두
냉동피자

ㄷ 대창
떡 튀김

ㄹ 러스크

ㅁ 마늘빵
마약 옥수수
명란구이
목살
마늘 플레이크
마시멜로 구이
막창

ㅂ 비엔나소시지
반건조 우럭구이

ㅅ 식은 붕어빵
식은 피자
새송이버섯 구이
새우 버터구이
소떡소떡
스팸
순대
소고기 안심스테이크
소고기 부챗살 스테이크
생선구이

ㅊ 치즈스틱
치킨너겟

ㅋ 콘 마요 토스트

ㅌ 통삼겹살

ㅎ 항정살
핫도그
후랑크소세지
해시브라운
해시브라운 스트링 치즈 샌드
훈제오리

ㅍ 피자 토스트

포켓웰브

제　　목	에어프라이어 레시피
부 제 목	아이캔프라이
글/그림	포켓웰브
기　　획	포켓웰브

펴낸날	2019년 6월 30일
펴낸곳	포켓웰브 pocket12
펴낸이	조덕현 James Cho
제작 및 디자인	(주)착한넷 chakan.net

주　　소	부산광역시 해운대구 센텀북대로 60, 1406호
전　　화	070-7092-0999
홈페이지	https://pocket12.com
전자우편	pocket12@chakan.net
ISBN	979-11-86001-82-0
	979-11-86001-74-5 (세트)
값	10,000원

Copyright 2019. pocket.twelve. all rights reserved.
포켓웰브는 (주)착한넷의 문고본출판 브랜드입니다.

값 10,000원

ISBN 979-11-86001-82-0
ISBN 979-11-86001-74-5 (세트)